AF332240

NOTICE

DES

ANTIQUITÉS EGYPTIENNES,

Etrusques, Grecques et Romaines,

Vases en terre peinte et en verre; Vases et Figurines en bronze
Bijoux en or; Pierres gravées; armes orientales; Dessins, etc.

La Vente de cette Collection se fera Hôtel des Ventes,
Salle N° 2, place de la Bourse,

Les 27, 28, 29 et 30 avril 1835, *de midi précis à quatre
heures de relevée.*

L'EXPOSITION PUBLIQUE AURA LIEU

Les samedi 25 et dimanche 26 du même mois.

LA PRESENTE NOTICE SE DISTRIBUE.

Chez : M° BONNEFONS DE LAVIALLE, Commissaire-Priseur, rue de
Choiseul, 11,
M. DUBOIS, rue de Savoie-Saint-André-des-Arcs, 4.

1835.

IMPRIMERIE J.-A. BOUDON,
Rue Montmartre, n. 131.

NOTICE

ANTIQUITES.

MONUMENS ÉGYPTIENS.

1 Or repoussé. Les quatre génies de l'enfer égyptien.

2 Or repoussé. Tête d'Apis, vue de face; espèce de médaillon de forme ronde.

3 Or repoussé. Déesse léontocéphale entre deux *uræus*.

4 Or repoussé et gravé. Quatre plaques ornées de symboles égytiens (trois d'entre elles sont *modernes*).

5 Or. Poisson formant une espèce de fibule, avec incrustations en cornaline.

6 Or repoussé. Scarabée et tête d'Hathôr. — Argent. Une Ægide.

7 Or, lapis, et cornaline. Un collier composé de plaques découpées et alternées.

8 Argent. Amulette représentant la forme symbolique de l'Ame.

9 Argent. Isis debout; amulette.

10 Bronze. *Naos* renfermant une statuette d'Ammon-ra. Au-dessous de ce monument curieux, et qui est travaillé à jour, se lit une légende hiéroglyphique indiquant que cet objet est la *demeure d'Ammon-ra*.

11 Bronze. Un *Uræus* et un ichneumon, posant sur leurs socles antiques.

12 Bronze. Imotali (l'Esculape égyptien) assis, et tenant un *volumen* déroulé.

13 Bronze. Phtha debout; Figurine.

14 Bronze. Isis debout; figurine de travail grec ou romain.

15 Bronze. Sceau représentant le cynocéphale du dieu
   Lune.

16 Bronze. Statuette représentant un roi casqué.

17 Bronze. Un homme agenouillé et qui lève les bras;
   figurine.

18 Jaspe rouge. Déesse léontocéphale debout; figurine.

19 Calcédoine. Scarabée représentant un roi frappant ses
   ennemis devant le dieu Phtha.

20 Lapis-lazuli. Scarabée à tête d'épervier.

21 Lapis-lazuli. Cinq amulettes représentant Thoth, Isis,
   Tmeï, un cynocéphale, etc.

22 Cornaline. Deux formes de l'emblème ordinaire du
   dieu Imouth, avec légendes hiéroglyphiques.

23 Jaspe vert. Scarabée portant dix lignes de beaux hiéroglyphes sur sa partie plate, et sept lignes des
   mêmes caractères sur son corselet et ses élytres.

24 Jaspe vert. Scarabée portant quatorze lignes de beaux
   hiéroglyphes.

25 Jaspe olive. Scarabée portant dix lignes d'hiéroglyphes.

26 Porphyre vert. Scarabée portant onze lignes d'hiéroglyphes.

27 Serpentine. Scarabée à tête humaine, et dont le dessous est chargé de six lignes d'hiéroglyphes.

28 Serpentine. Amulette de forme cylindrique, dont le
   pourtour est orné de formes symboliques.

29 Serpentine. Scarabée dont le dessous est orné d'une
   gravure représentant le jugement de l'âme. Dans
   le haut du champ est incrusté l'emblème du dieu
   Lune, et sur le corselet un vanneau et une autre
   forme mystique.

30 Jaspe vert. Amulette dont les deux faces opposées
   sont chargées d'hiéroglyphes très-finement exécutés,
   mais qui n'appartiennent pas aux anciens temps de
   l'Égypte.

31 Serpentine. Forme de petit canope, ornée d'un collier, d'un pectoral et d'un scarabée.

32 Jaspe olive. Une figure égyptienne vue de face et gravée en creux; monture en bague d'or.

33 Basalte vert. Tête de jeune homme, fragment précieux
d'une petite statue.

34 Albâtre calcaire. Quatre vases de formes diverses.

35 Calcaire fin. Figure funéraire, ornée de dix lignes
d'hiéroglyphes du travail le plus fin.

36 Calcaire fin. Stèle de forme cintrée, sur laquelle sont
représentées deux femmes en adoration devant Phré
debout, et qui n'est séparé d'elles que par une table chargée d'offrandes. Cet objet, dont la sculp-
ture est très bien exécutée, est, en outre, chargé de
huit lignes d'hiéroglyphes, et toutes ses parties ont
été coloriées.

37 Terre émaillée. Onze amulettes représentant Ammon.
Phré, Thoth, Bouto, etc.

38 Terre émaillée. Sept autres : Chnouphis, Cynocéphale, divinité à tête d'Uræus, etc.

39 Terre émaillée. Cinq autres : Phtha, Epervier, Isis,
trinité d'Isis, d'Horus et de Nephthys, etc.

40 Terre émaillée. Cinq autres : Figurines dont l'émail est
opalisé, Pasch, Spintrienne, etc.

41 Terre émaillée. Un lion en repos.

42 Terre émaillée. *Nofré-Atmou*, debout sur un lion.

43 Terre émaillée. Figure funéraire, décorée à l'avant
et à l'arrière de légendes hiéroglyphiques parfaitement gravées.

44 Terre émaillée. Etui à collyre, forme de hérisson.

45 Terre émaillée. Figure funéraire dont l'émail est de
couleur rougeâtre (légendes).

46 Email vert. Figurine représentant Thaoeri.

47 Email de plusieurs couleurs. Un étui à collyre.

48 Bois. Quatre figurines, représentant les génies de l'A-
menti.

49 Bois. Palette de scribe, formant également une boîte

fermée à coulisse, et qui contient deux roseaux, ainsi que le canif propre à les tailler.

Sur le devant de cette palette sont creusées trois petites augettes en forme de cartouches, encore remplies de couleur noire. Près d'elles est gravée une inscription relative au personnage à qui cet objet a pu servir. Le bas du même champ est couvert par onze lignes de caractères hiératiques tracés en noir et au pinceau.

Aucune des palettes égyptiennes qui nous sont connues, n'est aussi complète dans ses parties, et ne comporte autant d'intérêt que celle qui vient d'être décrite.

MONUMENS ETRUSQUES, GRECS ET ROMAINS.

VASES GRECS EN TERRE PEINTE.

50 Forme dite langello. Un génie volant tient un coq de la main gauche, et joue du *trochus* avec l'autre main.

51 Même forme. Une femme versant à boire à un guerrier qui est accompagné d'un chien.—Revers : un homme barbu appuyé sur un bâton, et tenant une coupe (fabrique de Nola, et belle conservation).

52 Même forme. Un Éphèbe appuyé sur un *tau*, tenant un objet suspendu avec sa main droite. Devant lui est placée la Victoire, qui lui présente une bandelette.—Revers : un Éphèbe tenant une bandelette. (Fabrique de Nola, et belle conservation.)

53 Forme globuleuse à deux anses. Sur chacune de ses faces, sont représentés deux hommes assis, jouant ensemble aux échecs, ou à tout autre jeu du même genre. (Ce vase, trouvé à Athènes, est parfaitement conservé.)

54 Forme campane. Borée enlevant Orythie, entre une nymphe qui fuit et un personnage appuyé sur un sceptre. (Conservé.)

55 Forme de tasse à deux anses. Sur l'une des faces, un vieux satyre tient une lyre et un *plectrum* qui s'y trouve suspendu. Près de lui est peint un thyrse à demi renversé. — Revers : Une femme gravissant une roche, et tenant une branche à la main ; près d'elle, on lit : ΚΛΛΕ ΗΕΡΑ. (Fabrique de Nola, et belle conservation.)

56 Vase à une anse. Thésée achevant la défaite du Minotaure qu'il vient de percer d'un coup d'épée. Sur les côtés du champ deux Éphèbes debout et tenant des lances. (Col restauré.)

57 Vase en forme de tête de femme couronnée de myrte. (Fabrique de Nola.)

58 Autre vase, forme analogue au précédent, mais dont l'orifice seul est verni.

59 Forme dite de balsamaire. Hercule combattant un guerrier ; sur les côtés, deux cavaliers. (Apporté d'Athènes.)

60 Coupe à pied de style archaïque. Sur son fond sont peints deux personnages nus, sautant devant un grand vase surmonté d'un plus petit : au-dessus de cette scène sont deux oiseaux aux côtés d'un objet qui nous est inconnu. Cette coupe, qui porte deux anses, est enrichie de détails coloriés en rouge.

61 Vase à une anse. Un Éphèbe assis, enveloppé dans un manteau, et regardant un objet qui nous est inconnu. (Fabrique de Nola, et conservation parfaite.)

62 Vase à une anse. Un génie assis, tenant devant lui un métier à tisser. Devant lui, une femme tenant un plateau et un métier, s'appuie sur un cippe. (Conservé.)

63 Coupe à couvercle. Un génie planant au-dessus d'un dauphin, tient une corbeille et un *flabellum* ; près de lui sont assises deux femmes dont l'une tient une alabastrite.

64 Forme dite de *guttus*. Deux silènes, dont l'un tient un objet peu reconnaissable. (Fabrique de Nola, et belle conservation.)

65 Forme à deux anses relevées. Deux vases avec figures de génies et de femmes tenant des plateaux, etc.

66 Vase de très-petite proportion, et garni d'une anse. Tête coiffée du Pétase. — Revers : un cygne.

67 Vase de forme globuleuse et à une anse, enrichi d'ornemens.

68 Vase à une anse, et décoré d'un réseau.

69 Vase sans anse, orné d'un réseau.

70 Petit vase à couvercle, avec ornemens.

71 Vase de forme élevée et à une anse, décoré d'une bande d'ornemens. (Fabrique de Nola.)

72 Forme de *preferjculum*. Vase de la fabrique de Nola.

73 Vase de forme ovoïde, à deux anses et à gaudrons séparés par une *grecque*. (Nola.)

74 Coupe dont le fond est orné de palmettes.

75 Vase à trois anses, et d'une belle conservation. (Nola.)

TERRE CUITE.

76 Lampe. Jupiter porté sur un aigle.

77 Douze lampes, sur lesquelles sont figurés les sujets suivans. Un génie devant un hermès ; la coupe d'Hercule entre deux massues ; un masque comique ; un aigle ; masque de femme ; un chien chassant un sanglier ; un cygne volant ; un lapin mangeant une grappe de raisin ; une rosace ; une lampe à deux becs.

78 Lampe à huit lumignons, et dont l'anse est ornée d'un buste de femme, et le centre par un masque.

79 Trois lampes (spintriennes.)

80 Un sphinx passant : objet d'application.

81 Couvercle de vase décoré d'une belle tête d'Omphale.

82 Figurine. Une femme nue.

83 Rhyton dont la base est formée par la tête d'un sanglier.
84 Bas-relief. Fragment d'une frise, représentant Hercule et deux autres personnages debout sous des por-
   tiques.
85 Bas-relief. Un génie ailé marchant à côté d'un lion
   qu'il tient par la crinière.
86 Fragment de bas-relief représentant la partie supérieure
   d'une bacchante.
87 Buste représentant un vieux silène.
88 Espèce de lampadaire formé d'une colonne ionique
   surmontée d'une coupe. Près de sa base sont accolés
   une lampe et deux petits vases. Le tout repose sur
   un socle entouré d'une branche de laurier peinte en
   brun.
90 Fragmens de deux lampes (spintriennes).
91 Aiguière en trèfle et à une anse.
92 Petite tête et fragment de vase en terre peinte.
93 Terre émaillée. Figure jouant de la double flûte.
   (Trouvée à Milo.)
94 Terre émaillée. Petit vase à une anse, forme d'animal
   chimérique, dont la gueule entr'ouverte laisse voir
   un masque humain. (Trouvé à Milo.)

BRONZE.

95 Figurine. Jupiter debout.
96 Figurine. Vénus debout. Ce bronze fait exactement
   pendant à celui qui précède.
97 Figurine. Mercure debout.
98 Figurine. Priape en hermès.
99 Figurine. Fortune Panthée.
100 Figurine représentant un homme nu et debout. (Le
    sommet de la tête, et l'extrémité des pieds sont res-
    taurés.)
101 Trois harpies : pieds d'une ciste. (Trouvés à Pompéi.)

102 Figurine. Guerrier romain montant à l'assaut.

103 Figurine. Lutte de deux guerriers, groupe parfaitement conservé, formant l'anse d'un vase. (Travail étrusque.)

104 Vase sans anses. Sur son pourtour sont figurés en bas-reliefs plusieurs exercices gymnastiques.

105 Anse double, dont l'un des côtés est orné d'un masque scénique.

106 Vase de forme ovoïde, garni de deux belles anses formées de palmettes soutenues par des têtes de cygne. (Ce vase magnifique, qui porte deux pieds de hauteur, et dont la conservation est parfaite, a été découvert en Agrigente.)

107 Vase *en trèfle*, et à une anse ornée de mascarons et figures d'animaux.

108 Vase à un anse et très-bien conservé.

109 Petit vase à un anse très bien conservé.

110 Fibule avec incrustations en argent.

111 Partie supérieure d'un visage contenant deux yeux recouverts d'une lame d'or.

ARGENT.

112 Figurine. Apollon debout.

113 Argent doré. Mufle de lion, formant l'embouchure d'une fontaine.

BIJOUX.

114 Une paire de boucles d'oreilles, ornée de cornalines, d'émeraudes, etc.

115 Une paire de boucles d'oreilles à pendeloques, ornée de perles, d'émeraudes et de saphirs.

116 Une paire de boucles d'oreilles à quatre pendeloques, ornée de perles et de boutons en grenat.

117 Une paire de boucles d'oreilles, têtes d'Antilopes, ornées de grenats. (Trouvée à Milo.)

118 Une paire de boucles d'oreilles : forme triangulaire,
avec chaînettes et pendeloques.

119 Une paire de boucles d'oreilles représentant l'enlève-
ment de Ganymède.

120 Une paire de boucles d'oreilles, têtes d'Antilope.
(L'une de ces boucles d'oreilles se trouve attachée à
une épingle d'argent dont le haut représente un
amour assis sur le chapiteau d'une colonne.)

121 Une paire de boucles d'oreilles, têtes de formes chimériques.

122 Une paire de boucles d'oreilles ornées de palmettes, etc.

123 Une paire de boucles d'oreilles, ornées de boutons et
pendeloques en lapis-lazuli.

124 Une paire de boucles d'oreilles, forme de poire, avec
incrustations en jaspe vert, cornaline et calcédoine.

125 Une paire de boucles d'oreilles, forme de gondole,
travail de grain. (Trouvée à Milo.)

126 Une paire de boucles d'oreilles de forme allongée, et
dont le bouton est formé d'un grain de lapis.

127 Une paire de boucles d'oreilles dont les pendans sont
en porphyre rouge d'Orient.

128 Une boucle d'oreille, tête d'Antilope, ornée de grenats. (Trouvée à Milo.)

129 Une boucle d'oreille cannelée et de forme allongée.

130 Une boucle d'oreille de forme ronde. Travail de
grain.

131 Une paire de boucles dont les pendans forment des grenades. (Trouvée à Milo.)

132 Trois boucles d'oreilles ; l'une ornée de lapis, la se-
conde d'émeraudes, et la troisième de verre.

133 Deux boucles d'oreilles de formes différentes.

134 Une boucle d'oreille entourée de six globules.

135 Or. Deux boucles d'oreilles ; tête de lion sur des tor-
sades-tête de lion.

136 Or. Trois boucles d'oreilles; tête de veau sur une torsade, tête de lion, tête de chien.

137 Or. Deux boucles d'oreilles, l'une ornée d'un thyrse; l'autre de lapis et d'une tête d'enfant.

138 Or. Boucle d'oreille ornée d'une perle noire de très-forte proportion.

139 Or. Une paire de boucles d'oreilles ; une corne; une boucle d'oreille; un petit vase à bouchon.

140 Or. Une boucle d'oreille de très-forte proportion.

141 Or. Un collier en chaîne de gourmette, avec ses attaches.

142 Un collier composé de tubes en spath-vert, et de bélières d'or, avec attaches en même métal.

143 Or. Un collier composé de perles d'or alternées de rectangles d'or et de saphirs, avec pendeloques et attaches.

144 Or. Un collier composé de rectangles; une améthyste avec monture.

145 Un collier, composé de grains de lapis, alternés de tubes ouvragés en or; la plaque de ce collier est formé de filigrane enrichi de turquoises.

146 Or. Un collier à doubles anneaux, auquel est suspendu un tube qui a dû contenir un objet aujourd'hui inconnu.

147 Un collier de pâtes antiques, d'améthystes, et de grains recouverts d'une feuille d'or.

148 Or. Bague mobile dans toutes ses parties, et d'un travail curieux.

149 Or. Quatre anneaux, dont l'un, orné d'un phallus.

150 Or. Trois bagues de forme lunaire; travail d'entrelacs.

151 Or. Bague dont le chaton est fermé de deux espèces d'ovales et de grains.

152 Or. Bague ornée d'une cornaline sur laquelle est gravée la figure de Minerve.

153 Or. Bague, dont la chaton est décoré d'une figure de

femme tenant un miroir, et placée devant un candelabre.

154 Or. Très-forte bague dont le chaton, en grenat, représente une femme assise sur une roche (trouvée à Samos.

155 Or. Bague, dont le chaton est formé par une pâte d'émail de couleurs variées (trouvée à Milo.)

156 Or. Bague ornée d'un beau grenat ; autre bague avec grenat sur lequel est gravée une femme.

157 Or. Deux bagues, l'une ornée d'un rubis, l'autre, d'une sardonyx sur laquelle est gravée une femme.

158 Or. Deux bagues, l'une portant une sardonyx représentant un perroquet, et l'autre un niccolo avec l'inscription suivante : CAICYR.

159 Or. Deux bagues, l'une ornée d'une sardonyx barrée représentant Minerve marchant, l'autre avec le centre percé, et qui a pu contenir du poison.

160 Or. Deux bagues ; l'une ornée d'un grenat et de deux émeraudes ; l'autre, d'un grenat de forme lenticulaire.

161 Or. Deux bagues trouvées dans les catacombes de Rome.

162 Or. Deux bagues ; sur le chaton de l'une, un foudre ; sur l'autre une tête gravée à creux.

163 Or fourré. Bague dont le chaton gravé en cornaline, représente une tête sans chevelure, et d'un caractère particulier (intaille.)

164 Or. Bague représentant un génie debout près d'un cygne.

165 Bague d'or de travail moderne, décorée d'une pâte antique représentant une tête d'enfant (camée.)

166 Bague; cornaline représentant le corps d'Achille porté par ses compagnons (intaille.)

167 Bague; hyacinthe. Masque de femme, vu de face et en relief.

168 Bague; émeraude. Tête de l'un des dioscures; près d'elle, une étoile (intaille.)

169 Bague; niccolo. Tête de l'Afrique, coiffée de la dépouille d'une tête d'éléphant (intaille.)

170 Bague; cornaline. Un homme couché sur un lit aux pieds duquel est un chien ; le reste de cette composition qui demanderait un examen particulier, contient la figure d'une femme, un coq, une table chargée de mets, un candélabre , etc. (intaille.)

171 Bague; niccolo. Une autruche devant une fontaine (intaille.)

172 Bague; camée en sardonix. Deux cigognes dont l'une boit dans un vase, et l'autre tient une feuille de vigne.

173 Bague; cornaline. Tête de Galba, beau fragment restauré en or.

174 Monture moderne en or. Pâte antique de trois couleurs, représentant une tête vue de profil d'Alexandre le-Grand.

175 Bague d'or. Faune assis regardant un génie qui élève un trophée d'armes.

176 Médaillon d'or. Onyx en Camée : inscription grecque composée de six lignes.

177 Fragment d'un grand Camée en calcédoine onyx, représentant quelques parties de la figure de Jupiter et de celle de Cérès. (Monture en or.)

178 Or repoussé. Quatre objets : tête de Méduse, les trois Grâces, etc.

179 Or. Un croissant et une espèce de bague.

180 Or. Partie supérieure d'une épingle de tête.

181 Or. Deux médaillons à bélières : têtes de déesses. (Trouvés à Milo.)

182 Or. Trois plaques ovales ornées de grenats, ayant fait parties d'un collier. (Trouvées à Milo.)

183 Amulette en or. La Fortune debout.

184 Or repoussé. Une colombe et une tête de bélier.

16

185 Jaspe verdâtre. Abraxas gravé sur ses deux faces. Monture en or.

186 Or. Un génie ailé, un aspic et une petite plaque gravée.

187 Or. Deux têtes de taureau formant les attaches d'un collier.

188 Or. Un aspic.

189 Or. Deux plaques d'ornement, dont l'une est ornée de pendeloques suspendues à des chaines en gourmettes.

190 Lapis. Amulette représentant un *Phallus*, monture en or.

191 Devant d'une tête d'oiseau avec parties en or, en perles et en grenats.

192 Or. Une épingle de tête, et un bracelet d'enfant.

193 Email. Un collier composé de douze *Phallus*, séparés par des grains en même matière.

194 Or. Dix-neuf rosaces de diverses proportions, formant les élémens d'un collier. (Trouvées à Milo.)

195 Or. Deux plaques ornées de grenades repoussées; fragment de feuille provenant d'une couronne. (Trouvées à Milo.)

196 Boucle d'oreille formée d'une fleur et d'une feuille en jaspe vert, avec monture en or.

197 Serpentine. Isis romaine devant Esculape, pierre gravée avec monture en or.

VERRE.

198 Fond blanc, avec lignes demi-circulaires en jaune et en blanc; étui à collyre.

199 Blanc. Grande urne à deux anses.

200 Blanc. Urne sans anses.

201 Blanc. Urne sans anses.

202 Blanc. Urne plus petite que les précédentes.

203 Fond blanc, avec chevrons brisés de couleur violacée : Vase en forme d'Amphore.

204 Fond bleu, avec anses et ornemens jaunes et glauques. Vase de même forme que le précédent.

205 Blanc irisé argent. Forme dite de Lacrymatoire.

206 Blanc irisé opalin. Vase en forme de poire.

207 Bleu avec ornemens jaunes. Vase en treffle et à une anse.

208 Bleu. Lacrymatoire de forme aplatie.

209 Couleur violacée. Vase de forme globuleuse, avec anses en émail blanc.

210 Blanc. Vase de forme ovoïde et à long goulot.

211 Blanc. Une coupe fracturée.

212 Plaque contenant la moitié d'un visage vu de face, coloré de plusieurs couleurs, et d'une exécution très-curieuse.

213 Vase en treffle et à une anse, avec ornemens jaunes et blancs.

MÉLANGES.

214 Un grand et beau miroir antique de forme rectangulaire.

215 Os. Une cuillère antique, dont le manche est terminé par une main humaine.

216 Or émaillé. Plaque ornée de sujets en très haut relief représentant les scènes diverses passées sur le Calvaire. Travail ancien. — Une croix en or repoussé sur une plaque en même métal.

217 Figurine en argent. Un enfant debout, ouvrage de Benvenuto-Cellini.

218 Un dé à coudre. Travail chinois en filigrane.

219 Or. Un magnifique bracelet de travail indien, terminé par deux têtes chimériques saisissant ensemble un ornement de forme ovale ; le tout enrichi de rubis et d'émeraudes.

220 Une grande et forte plaque en or, portant une inscription arabe gravée en relief. Cette plaque faisait au-
trefois partie de la décoration du trône de Tippo-
Saïb.

221 Une paire de boucles d'oreilles, forme d'anneaux, en
belle chrysoprase, avec monture en or. Travail
indien.

222 Calcédoine variée, représentant naturellement la forme
du fruit du cocotier. Monture en bague d'or.

223 Cornaline blonde. Tête de femme voilée; gravée en
creux par Réga; monture en bague d'or.

224 Turquoise; camée représentant la tête de Tibère. Monture en bague d'or.

225 Cornaline. Tête de Méduse gravée en creux. Gravure
de Kraft, qui a signé en grec; monture en bague
d'or.

226 Cornaline. Tête de Jupiter couronné de chêne; super-
be gravure en creux gravée d'après une médaille antique; monture en bague d'or.

227 Terre cuite. Un petit sceau à anse transversale. Antique. (article omis aux antiquités.)

228 Email. Scarabée orné de sept lignes d'hiéroglyphes sur
sa partie plate, et dont le corselet et les elytres por-
tent les figures d'Osiris, d'Arsiési, de Tmeï et de
Benno. (article omis.)

229 Terre émaillée. Une forme de gourde, de travail égyptien, avec légende hiéroglyphique. (article omis)

230 Lapis-lazuli. Scarabée à tête d'épervier; travail égyptien. (Article omis)

SUPPLÉMENT.

ANTIQUITÉS ÉGYPTIENNES.

231 Cornaline. Deux scarabées portant des prénoms royaux.

232 Turquoise. Un scarabée sans gravure.

233 Pâte d'émail. Un scarabée orné de beaux hiérogly-
    phies.

234 Hématite. Un scarabée et deux chevets.

235 Sept amulettes, avec sertissures en or.

236 Jaspe-olive. Amulette dont les deux faces sont cou-
    vertes d'hiéroglyphes.

237 Albâtre-calcaire. Neuf vases de formes diverses.

238 Spath vert. Vase portant le cartouche du roi Améno-
    phis 1er.

239 Albâtre calcaire. Vase portant le cartouche du roi
    Mœris.

240 Stéatite. Vase parfaitement évidé.

241 Bois. Une palette et un offertoir brisé.

242 Lapis, spath vert, etc. Douze amulettes et deux figu-
    rines.

243 Un collier et un débris de collier en cornaline, une
    couleuvre id., un Anubis en émail, un cachet en
    albâtre.

244 Serpentine. Un scarabée et le dessous d'un autre sca-
    rabée, ornés de belles légendes hiéroglyphiques.

245 Serpentine, albâtre et pierre émaillée; neuf figures
    funéraires.

246 Bois. Un chevet orné de deux colonnes d'hiéroglyphes,
    et deux figures funéraires.

247 Albâtre. Bas-relief représentant une femme nue.

248 Terre émaillée. Un chakal couché; spath ponctué,
    amulette gravée; hématite, trois chevets.

249 Cornaline. Un hippopotame; serpentine, forme ovale,
    surmontée d'une tête humaine; bronze, petite égide
    à tête de lion; matière brûlée: insigne de Thaoeri,
    portant trois colonnes d'hiéroglyphes.

ANTIQUITÉS GRECQUES ET ROMAINES.

250 Vase grec, en terre peinte, figures jaunes. Lycaon
    (ΛΥΚΩΝ), debout et armé, placé en regard de la Vic-

toire (Νικη), qui épanche la liqueur contenue dans un
vase sur une patère que le héros tient à la main ; en
arrière de ce dernier est figuré un homme barbu,
enveloppé (d'une grande draperie, et appuyé sur un
bâton en forme de *Tau*; au-dessus de sa tête se lit
son nom; Αντανδρος) : près de la Victoire est placée
cette acclamation; Πλαγων Καλος (1)

Revers. Un homme barbu et lauré, appuyé
sur une lance est placé au centre de deux femmes,
dont l'une lui présente un glaive renfermé dans son
fourreau, et l'autre un casque orné de son cimier.

251 Vase grec à trois anses : figures noires, Registre supé-
rieur ; combat de trois guerriers. — Grand registre :
un guerrier et son écuyer montés sur un quadrige au
galop. (Détails rouges et blancs.)

252 Vase grec à deux anses : figures noires. Hercule pres-
que couché à terre, étreint dans ses bras le lion né-
méen. — Au revers, Minerve debout entre deux
guerriers. (Détails rouges et blancs.)

253 Vase grec à deux anses : figures noires. Un guerrier et
son écuyer montés sur un quadrige vu de face. —
Revers : Un guerrier s'armant de sa dernière *cné-
mide*, en présence d'une femme (Minerve)? et d'un
vieillard qui lui apporte une cuirasse et une épée.

254 Vase à deux anses et à couvercle : figures noires. Combat de deux guerriers placés entre deux femmes debout et armées de lances ; sur les boucliers des com-
battans sont représentés un trépied et la tête d'un
taureau. (Détails rouges et blancs.)

255 Vase à deux anses : figures noires. Hercule étouffant
le lion devant Minerve assise sur un pliant, et placée en avant d'un personnage vêtu de rouge. Der-
rière Hercule sont représentés un homme nu, une
figure drapée, et un enfant. — Revers : Un cavalier

(1) Les premières lettres du nom propre sont assez incertaines.

vu de face entre deux hommes et deux femmes. (Détails rouges et blancs.)

256 Coupe : peinture jaune. Thétis assise sur un cheval marin.

257 Grande coupe à pied et à deux anses : peinture jaune. Un Éphèbe nu, debout près d'une pioche, et tenant deux objets qui nous sont inconnus. Près de ce personnage, on lit : Ηπαις Καλος...

Sur le pourtour extérieur de la même coupe, est représenté le combat de dix guerriers, formant de très-beaux groupes, et dont les boucliers sont ornés d'insignes variés.

258 Coupe : Peinture jaune. Sur le centre est peint un Éphèbe parlant à un enfant. A l'extérieur sont figurés six Éphèbes, dont l'un tient un strigile.

259 Coupe. peinture jaune. Centre : Un Éphèbe tenant un lièvre par les pattes et les oreilles ; autour était peinte une légende en partie effacée.—Sur le pourtour extérieur, sont deux guerriers qui attaquent une biche, et deux autres chasseurs achèvent un sanglier déjà percé d'un javelot.

260 Coupe : peinture jaune. Un vieux silène tenant une amphore, danse devant une femme qui tient un vase et une coupe. L'extérieur de cette coupe est orné de six figures d'hommes et de femmes.

261 Coupe à pied et à deux anses : figure jaune. Sur le centre est une homme debout, tenant une couronne, etc.

262 Vase à trois registres, de fabrique dite égyptienne, et couvert de figures d'animaux.

263 Vase à deux registres. Figures d'animaux.

264 Vase à une anse : peinture jaune. Trois têtes de femmes.

265 Vase à une anse : figure blanche et ornemens sur fond noir.

266 Vingt-deux vases de formes et de grandeurs variées.

267 Trois têtes en terre cuite ; trois lampes, dont l'une en
bronze ; deux objets votifs en albâtre.

268 Granit noir. Tête d'homme d'un âge avancé. Fragment
d'une statue romaine exécutée en Egypte.

MÉLANGES.

269 Carabine d'une très-forte proportion, et garnie d'une
grande visière forgée en damas-relief comme le canon, qui, en outre, est décoré d'inscriptions et
d'ornemens en or.

Cette arme, destinée à la chasse de l'hippopotame,
est enrichie d'une forte lumière en or. Ses capucines
et les autres détails de sa monture sont ornés d'argent. Le tout est monté sur bois d'érable et de noyer.

270 Sabre persan, dont la lame est en beau damas noir, la
poignée en corne de rhinocéros, et la garde, ainsi
que la garniture du fourreau en damas incrusté
d'inscriptions, et d'ornemens incrustés en or. Cette
arme est suspendue à un cordon de soie ponceau
et or.

271 Un canon de fusil en damas relief, avec incrustations
en or.

272 Argent. Anneau orné de bossettes. (Fabrique du Se-
naar.

273 Sardoine ; intaille. Buste de jeune guerrier vu de profil, et coiffé du *pileus*. (Montée en bague d'or.)

274 Améthyste ; intaille. Tête d'Antinoüs, vue de profil.
(Montée en bague d'or.)

275 Sardonyx ; camée. Tête de Sérapis, vue de face. (Montée en bague d'or.)

276 Sardoine ; intaille. Un suivant de Bacchus, tenant un
thyrse et un casque. (Montée en bague d'or.)

277 Jaspe à deux couches ; camée. Masque barbu, vu de
face. (Monture en bague d'or.)

279 Sardonyx-calcédoine à trois couches ; camée. Tête de Massinissa. (Monture en bague d'or.)

280 Cornaline ; intaille. Buste de Cléopâtre, vu de profil. (Monture en bague d'or.)

281 Prime d'émeraude ; intaille. Copie de l'Omphale du cabinet de Florence. (Monture en bague d'or.)

282 Cornaline ; intaille. Buste en hermès de Bacchus indien, vu de profil. (Monture en bague d'or.)

283 Cornaline ; intaille. Buste d'un homme couronné de pampres, ouvrage de Louis Siriès. (Monture en bague d'or.)

284 Cornaline ; intaille. Léda jouant avec le cygne ; ouvrage de Siriès. (Monture en bague d'or.)

285 Cornaline ; intaille. Tête d'un personnage romain, vue de profil. (Monture en bague d'or.)

286 Agate sardoine ; camée. Tête coiffée d'un casque enrichi de figures diverses. (Monture en médaillon d'or.)

287 Agate blonde ; camée. Jupiter endormi sur le sein de Junon. Ce camée, fracturé du bas, est l'ouvrage de Torricelli. (Monture en médaillon d'or.)

288 Sardonyx ; intaille. Achille debout entre les armes fabriquées pour lui par Vulcain ; au bas se lit le nom altéré de *Dioscourides*. (Monture en bague d'or.)

289 Rubace ; camée. Tête laurée d'Auguste, vue de profil. (Monture en bague d'or.)

290 Onyx à trois couches ; camée. Tête voilée d'une jeune dame romaine, vue de profil. (Monture en bague d'or.)

291 Onyx à trois couches ; camée. Buste casqué, vu de profil. (Monture en bague d'or.)

292 Sardonyx à deux couches ; camée. Tête de jeune Hercule, vue de profil, ouvrage de l'un des Pichler. (Monture en bague d'or.)

293 Agate-Onyx ; camée. Une femme nue, couchée sur un triton armé d'un bouclier. (Monture en bague d'or.)

294 Agate-Sardoine ; camée. Masque de Méduse, vue de face. (Monture en bague d'or.)

295 Cristal de roche ; intaille. L'Amour et Psyché, imitation de l'un des groupes antiques qui représentent ce sujet. (Monture en bague d'or.)

296 Onyx à deux couches. Un guerrier et deux autres personnages debout ; sujet inconnu. (Monture en bague d'or.)

297 Cornaline ; intaille. Tête de Néron, laurée et vue de profil. (Monture en bague d'or.)

298 Sardonyx barrée ; intaille. Un pâtre tenant un jeune chevreau sous un bras, et placé au milieu d'un troupeau de chèvres. (Monture en bague d'or.)

299 Agate ; intaille. Tête de Socrate, vue de profil. (Monture en bague d'or.)

300 Vingt-deux dessins lavés à l'aquarelle et a la sépia, représentant les édifices anciens et les lieux les plus intéressans de la Sicile.

301 Les objets non décrits dans cette notice, seront appelés et vendus sous ce numéro.

Nota. Les adjudicataires payeront 5 centimes par franc en sus de leur enchère.

ORDRE DE LA VENTE.

Première vacation.

Nᵒˢ du Catalogue, 267—231—90—191—76—77—93—94—215—84 à 88—1 à 49—95 à 102.

Deuxième vocation.

78 à 83—198 à 213—214—216 à 230—96—112—113—106—103—50 à 75—114 à 120.

Troisième vocation.

De 120 à 197.

Quatrième vocation.

300—231 à 236—238 à 266—278 à 299.

Nota. Les adjudicataires payeront 5 centimes par franc en sus du prix d'adjudication.